Para Laura,

llena de luz a muchos otros.

QUEBRANDO

BARRERAS

Cambiando el patrón de pobreza

Copyright© Rosemarie Sánchez

Primera Edición: febrero 2020

ISBN: 979-8-6165198-6-3

Todos los derechos reservados

Editora: Ediciones Autores de Éxito®

www.analiaexeni.com

Dedicatorias

¡Este libro está dedicado a ti!

- A ti que la vida te ha golpeado.
- A ti que la vida te ha abandonado en medio de la tempestad.
- A ti que has sabido levantarte luego de las caídas con más brillo y luz que el Alba…

¡Brindo por cada victoria que obtendrás cuando tu alma, mente y espíritu lleguen a conectarse en una sola entidad!

¡Tú eres el verdadero éxito!

Has sido creado para tener éxito y para quebrar todas las barreras que te separan de esa vida llena de abundancia que mereces.

- A mi padre Roldan Sánchez

Me enseñaste que lo más grande de la vida es COMPARTIR.

Cada día dedicaste a amar a tu familia, a las reinas de la casa, a tus hijas.

Me enseñaste lo hermoso que es AMAR y ser AMADA.

- A mi madre Ninela Sánchez

Jamás dudaste de mis capacidades y pusiste siempre tu esperanza y fe en todo lo que he emprendido en mi vida.

Tú que conoces mis debilidades y mis fortalezas.

- A mis hijos, Luis Antonio y Gianna Paloma.
- Quienes son mi motor de vida.

Escribo este libro para dejar un legado de amor en sus vidas.

Ellos fueron y serán siempre quiénes me impulsaron a terminarlo, son mi mayor orgullo.

- A René Trujillo el padre de mis hijos.

Gracias por siempre tener presente que nuestros hijos son a quiénes nos debemos, gracias por tu amistad y todo lo que representa nuestra familia que son Luigi y Gigi.

- A mis hermanas que hemos sido frágiles pero siempre hemos luchado por amar más, vivir más y ser más.

A Vanessa, Ninela y Rocío quienes son mis tesoros que me identifican, a mi hermana Estefanía a quien admiro, estás lejos pero no ausente, Dios nos unió en un día de tristeza pero marcó nuestras vidas.

- A todas las personas que admiran mi trabajo y juntas transitamos caminos de vivencias todos los días…

¡Somos más, seremos más y haremos más cuando siempre vivamos y recordemos que unidos todos, siempre lo podremos lograr!

- A ti mi querido lector

Aunque pueda ser que no nos conozcamos en persona, recuerda, escogiste ser mejor, lograr más y alcanzar metas de supervivencia al leer este libro.

¡Gracias infinitas y Bendiciones por siempre!

"Cuando tus pensamientos han cambiado, tu mente y tu alma siempre se coordinan para alcanzar la grandeza".

Rosemarie Sánchez

Índice

Prólogo 13

Introducción 19

Primera Parte 29

- CAMBIANDO EL PATRÓN DE POBREZA. RUMBO A LA LIBERTAD FINANCIERA.
- CADA PENSAMIENTO CUENTA.
- NACÍ CON EL ESPLENDOR DE UNA ESTRELLA.
- UN DESEO NO ES UNA META.
- CAMBIANDO DE VECINDARIO.
- CAMBIA TU PERSPECTIVA Y CAMBIARÁ TU VIDA.

Segunda Parte 69

- TU ESPEJO RETROSPECTIVO.
- UN PEQUEÑO CAMBIO NO ES SUFICIENTE PARA LOGRAR ABUNDANCIA.
- ESTRATEGIAS PARA LOGRAR GRANDEZA.
- VISUALIZA TU ÉXITO. CREA TU REALIDAD.
- LA MENTALIDAD ES ESPIRITUAL.

Tercera Parte 103

- EL DÍA A DÍA.
- TU ALMA MUESTRA TU RESPLANDOR.
- LA PAZ DEL CORAZÓN ABONA NUEVA TIERRA.

- ¿DOMINAS LA ECONOMÍA?

- ¿CUÁL ES LA RESPUESTA CORRECTA?

- MANIFIESTA EL CAMBIO FUERA DE TI.

R O S E M A R I E   143

Agradecimientos   146

Biografía de la autora   155

Prólogo:

- ¿Cuáles son tus mayores sueños?
- ¿Por qué aun no los has cumplido?
- ¿Qué te impide avanzar en el camino del éxito y la felicidad?
- ¿Cuál es tu mayor temor?

Este libro te ofrece todas las respuestas que siempre has buscado para transformar positivamente tu vida, pero que jamás encontraste todas Juntas en un mismo sitio... ¡Aquí están! Al fin las tienes en tus manos; pero ahora dependerá de ti ponerlas en práctica para **llevar tu vida a un camino infinito de crecimiento ilimitado.**

El éxito y la felicidad siempre van de la mano, son marido y mujer, son almas gemelas; una misma

entidad. Así que no los busques por separado…
¡Ambos anidan en ti!

Tener éxito y ser feliz es un estilo de vida y una decisión de todos los días, pero para poder conseguirlo tendrás que quebrar todas las barreras que te aíslan del edén…

¡Tú ya vives en el paraíso! Pero tus falsas creencias te enceguecen y no puedes verlo… sigues caminando por el desierto en busca de un oasis y no te has dado cuenta que ya estás en él.

Este libro es la llave que te abrirá las puertas de un nuevo mundo donde todo es posible y verdadero.

- ✓ No sigas esperando a que la solución venga de afuera porque ella vive dentro de ti.

- ✓ Todo lo que necesitas para ser feliz está latiendo ahora mismo en tu corazón.

- ✓ Todo el éxito que buscaste por años siempre estuvo a tu lado.

"Quebrando barreras" es tu lámpara de Aladino. Este libro es el mejor regalo que puedes hacerte a ti mismo.

Todos esos patrones de pobreza que tienes anclados desaparecerán con la práctica de las frescas ideas que descubrirás en esta obra maestra.

Rosemarie es una mujer que ha atravesado por muchos desafíos e infortunios, pero supo sacar provecho de cada dificultad para aprender, crecer y ayudar a otras personas.

Ella es una Mujer Imparable que vive a la luz de sus sueños y jamás a la sombra de ellos.

La autora experimentó en carne propia las desventuras de una vida llena de adversidades y muy lejos de quejarse levantó vuelo como un águila y aprendió a quebrar todas las barreras que la separaban de esa vida de ensueño que deseaba y merecía.

¡Ella no le teme a nada porque Dios es su aliado!

Al igual que Rosemarie todos podemos conquistar nuestros sueños; si definimos nuestras metas y trabajamos apasionadamente por ellas, tarde o temprano estaremos viviendo esa vida maravillosa que para otras personas sólo es posible en cuentos de hadas.

Un árbol desnudo inicia la primavera con la convicción de que pronto estará cubierto de bellas hojas radiantes de esplendor... Se sabe perfecto, exuberante y lleno de abundancia.

Él no se preocupa por la carencia porque desconoce los patrones de pobreza... No se preocupa por ir al banco a pedir un préstamo para comprar hojas verdes para sus ramas vacías.

¡La naturaleza es maravillosa y perfecta!

Los seres humanos también lo somos... Pero para poder vivir una verdadera vida de abundancia es necesario "quebrar patrones de pobreza"

¡Aquí están las herramientas para construir tu propio universo!

"Todo es posible si tienes la suficiente fe en ti como para conquistarte a ti mismo".

Analía Exeni

Fundadora de Ediciones Autores de Éxito®

www.analiaexeni.com

Introducción:

Tuve que pasar por muchos desiertos para poder entender que en mi naturaleza siempre había y hay éxito.

Este libro ha crecido conmigo durante muchos años, desde que vivía en Venezuela y me ha acompañado en todo el trayecto de mi vida hasta llegar a Canadá y establecerme en esta bella tierra. Fue motivado por todas las adversidades que atravesé en mi vida, porque fueron ellas las que me inspiraron a salir adelante y las que me dieron la fortaleza necesaria para crecer.

Tuve que entrenar mi pensamiento para poder quebrar esos patrones donde existe la negatividad, donde existe el egoísmo, donde existe el desamor, donde existe la escasa confianza en uno mismo, donde existe la baja autoestima. Todo ello se relaciona básicamente con fortalecer el mundo espiritual, porque es allí donde nace la verdadera riqueza, no afuera.

Siempre tuve la convicción de que debemos quebrar ese patrón de pensamiento donde hay pobreza de cualquier tipo… porque la pobreza puede ser:

- espiritual,
- emocional,
- psíquica,
- almática,
- material.

Este libro te inspira a romper ese patrón donde hay pobreza en cualquiera de sus formas.

Las personas comienzan a quebrar barreras cuando desatan lo que está atando sus vidas.

Las ataduras vienen de generación en generación, llegan en forma de maldiciones, de incertidumbre, con palabras negativas, con mentalidad pobre, con carencias de todo tipo…

Quebrar barreras significa ¡Ser Libre!

Significa hacer de tu vida un éxito y alcanzar cosas inimaginables; es desarrollarte más como persona y transformarte en un maravilloso ser humano.

Yo he conocido mucho el mundo espiritual y he desarrollado el mundo físico y sé que los dos van conectados mano a mano.

Cuando decidí hacer este libro me reflejé en mí persona… pensé en todas las adversidades que tuve que atravesar y he tenido que quebrar; por lo tanto he tenido éxito y he alcanzado metas.

Cuando quebramos barreras somos libres, porque el pensamiento empieza a cambiar de negativo a positivo, de oscuro a blanco, de insensato a humano, de desamor a amor, de baja autoestima a tener una autoestima elevada; de no creer en Cristo a creer con todas las fuerzas.

Todas las barreras que nosotros deseamos romper tienen que empezar por el alma, luego del alma pasan al espíritu y del espíritu pasan a la mente y de la mente se concretan en el plano físico.

En este libro describo el "yo humano" la visión de cómo el ser humano se ve reflejado en otros. Muchas veces por vernos reflejados en otros no somos capaces de quebrar barreras; pero si confiamos más en nosotros mismos porque sabemos de dónde venimos y que Dios está en nosotros, estaremos motivados a conocer y crecer con personas dinámicas, joviales, personas optimistas; ese tipo de personas que te impactan con su energía positiva, porque la energía es muy importante; ella se crea en los átomos y de los átomos pasa a ser partícula y de la partícula pasa a ser algo humano y de lo humano pasa a ser ambiguo y de ambiguo pasa a la excelencia. Todo es retórico Si conoces la raíz del espíritu, del desafío de la vida que está inculcado con las raíces almáticas, mentales, del género.

Filosóficamente si observamos a personas que hicieron cosas impactantes en sus vidas, desafíos a nivel de capacidad humana: como los atletas, como los filósofos, como los escritores, cantantes; como las personas con capacidades diferentes, por ejemplo un no vidente. **Todos ellos han quebrado barreras desafiando innumerables imposibilidades, porque creyeron en sí mismos y se dieron la oportunidad de demostrarlo.**

Te contaré una historia:

Un día, Thomas Edison de niño llegó de la escuela y le entregó a su madre un escrito por parte del profesor. La madre extrañada y acomplejada comenzó a llorar y luego leyó la carta en voz alta a su hijo Thomas, la que decía:

"Su hijo es un genio. Esta escuela es demasiado pequeña para él, y aquí no hay maestros capaces de enseñarle algo. Por favor enséñele usted misma."

Luego de varios años de la muerte de su madre, en ese momento Edison ya era uno de los más grandes inventores; revisando los viejos recuerdos que tenía guardados encuentra la carta que provocó tanto llanto en su madre en aquel entonces.

El gran inventor leyó por primera vez la carta y se sorprendió ya que decía lo siguiente:

"Su hijo es un retardado. No podemos enseñarle más en la escuela junto a los demás. Por lo que, le recomendamos que le enseñe usted misma, en casa."

Esto provocó que Thomas estuviese llorando por horas. Depués escribió en su diario:

"Thomas Alva Edison era un niño mentalmente retrasado. Gracias a la dedicación y perseverancia de su heroica madre, se convirtió en uno de los mayores genios de su época."

Ella quebró todas las barreras y fue más allá de lo que parecía imposible.

Ella vio tanta luz en su hijo que estuvo dispuesta a todo para que esa luz brille e ilumine el mundo.

Como has podido ver la vida te desafiará a quebrar barreras e ir para adelante, en esa senda que te permita cumplir tus más profundos sueños.

Este libro es tu herramienta más poderosa para quebrar todas las barreras que te separan de esa vida espectacular que te mereces.

Rosemarie

Pidan, y se les dará; busquen, y encontrarán; llamen, y se les abrirá. Porque todo el que pide, recibe; el que busca, encuentra; y al que llama, se le abre.

¿Quién de ustedes, si su hijo le pide pan, le da una piedra? ¿O si le pide un pescado, le da una serpiente? Pues si ustedes, aun siendo malos, saben dar cosas buenas a sus hijos, ¡cuánto más su Padre que está en el cielo dará cosas buenas a los que le pidan!

Mateo 7:7-11

Primera Parte

CAMBIANDO EL PATRÓN DE POBREZA.

RUMBO A LA LIBERTAD FINANCIERA.

"No tengas miedo de renunciar a lo bueno para perseguir lo grandioso".

John D. Rockefeller

¿Te has encontrado en algún momento, buscando un nuevo objetivo? o ¿Has tenido una gran pasión por una idea?

Debes Identificar las excelentes ideas que se presentan en tu mente y trabajar apasionadamente por ellas.

¡Allí comienza el verdadero éxito!

Todo lo que te distraiga y te aleje de tus metas es un grave error.

Muchas personas buscan su propia aprobación en otros, pero les garantizo que siempre se sentirán decepcionadas.

¡Concéntrate en tus metas!

Hay generaciones con nuevas identidades y nuevos pensamientos que los impulsan a obtener respuestas contingentes, admirables e indescriptibles; pero muchos de nosotros estamos influenciados por la limitación de nuestras respuestas; esas que nos alejan de lo que necesitamos lograr.

Sin embargo el éxito está muy cerca: en una llamada telefónica, en una entrevista, e incluso en una experiencia de retiro educativo. Todo eso puede ser vehículo para el éxito.

Aunque tu objetivo puede tener un conflicto dentro de tus creencias, tú todavía tienes el control para continuar y obtener una solución para los deseos de tu corazón.

Confío en que cada vez más personas entiendan el concepto de "libertad financiera". Es imperativo comprender la diferencia entre ser un empleado frente a un trabajo por cuenta propia, ser propietario de un negocio o emprendedor; tomando el control de tus finanzas para ser un inversionista activo.

¿Qué pueden hacer dos personas en un lugar de trabajo donde interactúan con el deseo de alcanzar el éxito pero saben que no podrán lograr la libertad financiera?

Es muy importante que tengas la determinación de alcanzar una meta de éxito financiero; encontrando soluciones y conceptos simples para avanzar hasta conseguir fuentes de "ingreso pasivo" o "ingreso residual".

El ingreso pasivo se genera trabajando arduamente con un objetivo claro hacia el verdadero éxito, muchas veces cometiendo errores y aprendiendo de ellos; intentando una y otra vez con esmero, en constante acción. Generando un sistema de trabajo independiente, no siendo un empleado sino un empresario, un líder que persigue sus sueños.

Así se construye la "independencia financiera", en un período concreto de tiempo, a diferencia de ser un empleado toda tu vida, lo cual nunca te dará la oportunidad de crear "ingresos pasivos" con una visión de estabilidad a largo plazo cosechando el dinero que fue invertido y trabajado; donde dicho dinero estará creciendo día a día, a cada momento, aun cuando duermes estarás generando ingresos, porque has sido capaz de construir un flujo de ingresos imparable y consistente.

Encontrarás muchas ideas sobre este apasionante tema en el libro de Robert Kiyosaki " El Cuadrante del Flujo de Dinero", donde vas a descubrir un concepto de enseñanza real de inteligencia financiera.

¿Te ves haciendo inversiones?

Necesitas un cambio de mentalidad para romper los patrones de pobreza en tu mente y espíritu.

Cuando estés preparado para correr un gran riesgo y tengas la responsabilidad suficiente para avanzar hacia un objetivo claro de crear riqueza, ambicionarás pensamientos irracionales pero ellos te garantizarán el éxito.

Debes cultivar la ambición de empoderar a otras personas, ya que todos estamos interconectados y debemos buscar trabajar en equipo y dejar lo mejor para las próximas generaciones.

Los seres humanos siempre formamos relaciones interpersonales, admirándonos e inspirándonos unos a otros. Esto nos permite combatir los miedos y cultivar pensamientos positivos poco a poco.

Debes comprender que no estás solo en este barco, hay miles de personas, incluso millones, buscando lo mismo que tú.

Yo te garantizo que leer y seguir leyendo este libro tiene mucho sentido, porque te permitirá cambiar tus pensamientos pobres por pensamientos de grandeza.

Te animo a transformar tu entorno motivando a otras personas a crear grandeza.

Lee, lee y lee, no te arrepentirás ni por un segundo porque cuánto más enseñanzas recibes, más oportunidades de éxito tienes.

"Debes comenzar a pensar que te estás convirtiendo en la persona que quieres ser".

David Viscott

Visita mi sitio web:

www.breakthroughrose.com

Suscríbete para recibir 30 minutos de entrenamiento personal.

¡También recibirás un calendario con citas inspiradoras para recordar que el éxito está en camino!

CADA PENSAMIENTO CUENTA.

"Cada pensamiento que tienes te impacta. Cambia de un pensamiento que debilita a uno que te fortalece"

Wayne Dyer

¿Alguna vez te has preguntado por qué cuando piensas en un momento de felicidad y en los episodios positivos de tu vida, las palpitaciones de tu corazón aumentan?... es porque tu alma contesta, ella está tratando de asociar más pensamientos relacionados con esas emociones positivas que puedan transportarte a ese momento y a esa situación.

Es la cantidad de buenos pensamientos que tienes lo que hace que tu vida sea mejor y que tengas buenos resultados en tus proyectos.

Esto es posible y alcanzable con la práctica diaria del pensamiento positivo.

El mar es infinito y azul, un color que trae calma y transforma la energía de la adversidad en libertad, este es el estilo de pensamiento que todo ser humano busca. Algunas personas pueden lograrlo momentáneamente y transformar sus pensamientos negativos en grandeza. El proceso es muy simple, la idea es dirigir tus pensamientos hacia tus logros, hacia tus deseos, hacia tus sueños; luego añadir pasión y entusiasmo para focalizarte en ellos.

Todo aquello en lo que te enfocas crece…, entonces debes enfocarte en lo positivo y jamás en lo negativo.

Recuerdo mis vacaciones cuando era niña en Europa, eran días sin problemas, sin cargas, solo felicidad, un tiempo maravilloso que vivimos y disfrutamos con mi familia. Esto es lo que deberían hacer tus pensamientos, vivir con el espíritu de un niño entre adultos, con un corazón joven, lleno de libertad.

Mi madre siempre me enseñó a ser una autoridad, a pesar de que ella era mi madre y yo una niña pequeña. Este sentido de autoridad me permitió realizar múltiples tareas y tener el deseo de aprender más; sintiendo en mi interior el ferviente deseo de que mi madre fuera feliz y estuviese orgullosa de mí. ¿No es ese el pensamiento que todo ser humano está buscando en la sociedad?, estoy segura de que sabes la respuesta en tu mente y alma.

Una vez que reconozcas tus pensamientos y comprendas cómo afectan tu perspectiva, escogerás pensar en positivo siempre. Comienza hoy mismo a cambiar cada error que te impide desarrollar el resultado para lograr el éxito, puedes conseguirlo a través de pensar positivamente. ¡Así de simple!

> *"La forma de ser verdaderamente feliz es ser verdaderamente humano, y la forma de ser verdaderamente humano es ser verdaderamente piadoso".*
>
> *Jl. Envasador*

Olvídate de los pensamientos de negatividad, tienes el control y la capacidad de reaccionar o mantenerte en calma, tu imaginación puede volverse realmente sensible, pero una vez que vuelves a ese pensamiento y a la necesidad de obtener una respuesta, exigirás en tu espíritu paciencia y comprensión. Si te enfocas en lograr el objetivo, a pesar de los errores y fallas; a lo largo del proceso también podrás cambiar tu mentalidad.

De la adversidad siempre hay una posibilidad y de esa posibilidad un camino a encontrar.

Ningún ser humano puede ser perfecto, ¿estamos de acuerdo en eso? Pero la clave del éxito está en tomar el control y asumir tu poder, ese poder humano que te permite elegir un pensamiento motivador, ese poder que te hace ir hacia adelante y quebrar las barreras de la negatividad y la carencia.

Puedes intentar con un sueño u objetivo particular que esté de acuerdo con Dios, por la voluntad de Él en tu vida. Focalízate a diario en tu objetivo y verás cómo pronto puedes cumplirlo.

"Para lograr lo imposible; es precisamente lo impensable lo que hay que pensar".

Tony Robbins

Prémiate con personas que puedan llevarte al siguiente nivel de energía positiva en el que tus pensamientos y experiencias estén en continuo crecimiento.

¡Transforma tu energía y derrama tu amor propio! Manifiesta tu conocimiento, sea lo que sea; manifiesta tu capacidad a un nivel en el que personas increíbles te guiarán y te mostrarán el vehículo hacia el éxito.

Todos somos dignos de criticar o alabar nuestra actitud, porque el juicio propio es en gran medida un acuerdo u oposición a nuestro destino. Recuerda que vemos en el espejo dos caras: lo positivo y lo negativo.

Siempre será tu elección manifestar emociones positivas o negativas contagiando a todos a tu alrededor.

NACÍ CON EL ESPLENDOR DE UNA ESTRELLA.

"Los dos días más importantes de tu vida son el día en que naces y el día en que descubres por qué".

Mark Twain

Nací en junio de 1980, fue un milagro para mis padres y una manifestación de Dios, ya que mi madre durante el embarazo sufrió *preeclampsia,* así que estuvo delicada desde el séptimo hasta el noveno mes.

Ella me llamó Rosemarie debido a una conocida pianista de nombre Rosemarie Sader. Coincidentemente, nací y crecí para ser artista, estudié música desde los siete hasta los dieciséis años y canté en varios coros y grupos musicales, también aprendí diferentes instrumentos a lo largo de mi carrera; pero una decisión cambió mi destino: "me di por vencida"... El sueño de mis padres era que yo cantara en conciertos con la orquesta sinfónica, pero ¿era mi sueño?, tal vez sí; de hecho, era algo que podría haber desarrollado con un gran potencial…

Me di por vencida en ese momento porque mis pensamientos y mis planes no eran tan grandes como mis sueños, ¿me di por vencida?..., ¡no es cierto! Me niego a rendirme. ¿Me arrepiento de la decisión de abandonar uno de mis sueños cuando era menor de edad? ¡Oh sí!, definitivamente. Pero nunca es tarde para seguir moviéndome y seguir luchando por un gran futuro, mi destino está por delante y mis sueños aún no han terminado.

En el título de este capítulo hago referencia al esplendor de una estrella, para que comprendas que tu vida es como ella: ¡más luminosa cada día!, porque una estrella jamás deja de brillar, hay momentos en que incluso la luna intenta cubrirla, pero aun así la estrella logra mantenerse despierta, brillando y dando poder a la noche oscura. Definitivamente te animo a que brilles en tu vida con positivismo.

Las estadísticas demuestran que las personas que se ríen durante más de siete minutos al día, tienen una esperanza de vida mayor que las personas que sufren ansiedad durante todo el día.

Si tienes por costumbre ser negativo atraerás más negatividad a tu vida, pero si eres positivo disfrutarás de las personas positivas que atraerás como un imán.

Los *millennials* todavía no encuentran respuestas a muchos interrogantes, tales como el futuro o el sistema educativo, ¿Por qué? Porque son nativos digitales, la tecnología es su propia forma de comunicarse, viven más el presente, pero a su vez también tienen demasiadas distracciones. La falta de control en el uso de la tecnología hace que las personas sean perezosas para buscar soluciones y nuevas ideas para mejorar su calidad de vida y la de sus seres queridos.

Todo ser humano tiene el poder de desarrollar todo su potencial. ¿Sabías que la mente solo funciona al 7% de su capacidad, incluso las personas que tienen un alto nivel de coeficiente intelectual desarrollan solo el 10%? A pesar de ello somos tan brillantes que podemos conquistar cualquier cosa en esta vida.

A través de los años me he ocupado de mi educación, he buscado, escuchado, estudiado y admirado a personas que luego fueron mis mentores. Puedo garantizarles que cuanto más aprendo, más quiero saber. A veces, entre amigos, me han dado el apodo de "curiosa"; al principio no entendí por qué me apodaron así, pero después de analizarlo entendí: es porque tiendo a buscar muchas ideas para una solución y una solución para muchas ideas. Necesito romper el patrón de pobreza en mi mente, todos lo necesitamos, porque es preciso erradicar todo lo negativo que nos han inculcado en el pasado, necesitamos ser resistentes a todo aquello que nos ata a una vida de carencias.

El ser humano está diseñado perfectamente por la gracia de Dios, con los ojos admirables de nuestro Creador.

Tu encrgía es el simbolismo de tu actitud interíor, ¡sal de tu zona de confort y busca más!, lee más libros, viaja a más lugares, conoce a más personas. Acepta todo aquello que te traiga más conocimiento e información, busca herramientas para continuar desarrollándote y te permitan mejorar tu calidad de vida. Comienza un plan, un objetivo, con el propósito de lograr los estándares más altos en tu vida.

Soy estrella y nací para expandirme una y otra vez, ¡nunca es demasiado tarde!

"La educación es un adorno en la prosperidad y refugio en la adversidad"

Aristóteles

Envíame un mensaje por mi sitio web:

www.breakthroughrose.com

Puedes inscribirte y obtener 30 minutos de tutoría gratuita.

UN DESEO NO ES UNA META.

"Un líder es un distribuidor de esperanza".

Napoleón Bonaparte

¿A dónde vas o a quién recurres cuando necesitas tener esperanza?

¿Es un deseo o una meta lo que quieres lograr?

A menudo ¿te has hecho estas preguntas?

¡No estás solo!, muchas personas buscan respuestas que nunca encuentran…

Mucha gente desea desesperadamente un cambio, depositando una gran fuente de esperanza en su mente y espíritu.

Pero todo cambio radical comienza con el compromiso, luego sin la cantidad adecuada de esfuerzo o pagando el precio de perder, no se crea un viaje donde es posible lograr un objetivo.

Te hablo desde la experiencia, porque he sido una emprendedora desde muy joven, era parte de mis sueños y elecciones, ¿por qué elegir ser emprendedora? Te digo por qué, mi familia era adinerada y estaba involucrada con personas influyentes en Venezuela, donde nací, tuvimos una vida buena y muy cómoda, pero había algo importante en mi vida, mis padres siempre quisieron que yo buscara más y se esforzaron en brindarme una educación que me muestre que la vida real es difícil, incluso si vivimos una vida cómoda monetariamente, puedes viajar a muchos países, asistir a escuelas privadas, tomar clases extracurriculares, tener propiedades en la playa, tu propio condominio, etc.

Siempre tuve como objetivo competir para ganar y principalmente amarme a mí misma.

A pesar de que mi vida era increíblemente buena en términos de abundancia, en la escuela pedía a mis compañeros que me compraran cosas, que a su vez yo compraba y que luego vendía a una cantidad mayor. ¿Tenía la necesidad de hacer eso? ¡No! de eso estoy segura, pero el deseo de demostrar que era capaz de hacerlo fue mayor que la regla general de permanecer en la zona de confort, tenía mis necesidades cubiertas, mis padres me brindaban todo, pero sabía que podía probarme a mí misma que podía dar un paso más y hacer más por mí misma, me pareció una lección.

¡Para mí la vida tiene sentido cuando tomo riesgos para cumplir un objetivo, no solo un deseo!...

Siempre deseé tener mi propio negocio, pero ese deseo recién se transformó en un gran objetivo cuando me fijé la meta de ir a Canadá a estudiar inglés. Al principio yo no estaba enamorada del idioma inglés, más bien del francés, sabía cómo hablar francés antes que inglés, siempre estaba evitando el tema de aprender inglés, aunque sabía con certeza que mis sueños se cumplirían fuera de Venezuela y Canadá era mi gran objetivo.

Tu propósito de vida está muy alejado del lugar donde te sientes seguro, lo más probable es que si sigues allí sea arriesgando tu energía, tu familia, tu posición e incluso tus sentimientos. ¡Sal de tu seguridad ahora mismo!

Deseé ser alguien mejor y detrás de ese deseo había una meta y un propósito más alto, Dios me estaba dando la visión de un mejor futuro, a pesar de que no había encontrado todo en mi viaje a Canadá, ni siquiera la capacidad de comprender la magnitud del cambio que me permitiría radicarme definitivamente en un país extranjero y comenzar un nuevo capítulo de vida. Todo lo que miré fue el riesgo que tenía que tomar y encontrar el propósito de mi vida, pero una vez que estaba dentro del grandioso proyecto que creé con la ayuda de mis padres y abuela miré fui hacia adelante con una fe infinita.

Le agradezco a Dios que fue un objetivo y no solo un deseo, que Él me conectó con las personas que necesitaba en el momento adecuado y propicio para mí, e hice su voluntad y no me importaron las barreras que se presentaron, porque mi fe era mayor a ellas. Definitivamente Dios me dio una lección.

"¡Cada vez que tomes un gran riesgo en la vida estarás frente a un objetivo no solo a un deseo!"

Lee más en:
www.breakthroughrose.com/topics/leadership

CAMBIANDO DE VECINDARIO.

"Cuando ya no somos capaces de cambiar una situación, nos encontramos ante el desafío de cambiarnos a nosotros mismos."

Viktor Frankl

Considerablemente muchas personas buscan mudarse a un lugar donde el verano impera, mientras que otras personas buscan vivir en el invierno, la pregunta es: ¿qué diferencia puede hacer eso?, si el espíritu sigue siendo el mismo. Las familias están cambiando los patrones para obtener buenas nuevas, buscando soluciones a sus necesidades, pero la pregunta es: ¿eso realmente te cambiará a ti mismo?

> **Descubrí que mientras se mueve y se lucha contra el destino, con nuevas y frescas ideas, respira la adaptación del sol de la mañana cada día.**

Sé que si mi mente encuentra respuestas a mis necesidades, pero las necesidades siguen avanzando cuesta abajo, la perspectiva cambiará de manera indirecta, ¿es para bien o para mal? Tu tienes las respuestas, una vez que la providencia está buscando un objetivo; la tutoría de tus necesidades y tu propio ¡Yo! es, ¡siempre reversible!

Mi vecina era una chica que siempre encontraba problemas, ¿seguí sus pasos?, sabía con certeza que si me pasa lo mismo estaría perdida, pero los errores han alcanzado mis objetivos y ahora es el momento de cambiar. ¿Alentará ese cambio a este vecindario?, ¿está bien discriminar o ir en contra?; una cosa estoy segura y ambos sabemos que nunca es demasiado tarde.

Quiero llegar por encima del cielo y encontrar una solución para mamá, ¿puedo hacer eso?, sin duda no puedo. Puedo sí puedo trabajar por mi cuenta, puedo guiarte con este libro. ¿Tengo todas las respuestas?... Dejemos eso al más Alto, ¡a la voluntad de Dios!

"El Oráculo de aquel que escucha las palabras de Dios y conoce el conocimiento del Altísimo, que ve la visión del Todopoderoso, que falla, pero que tiene los ojos descubiertos". Números 24:16

Un vecino iluminará tu vida una vez que lo permitas, puede intentar seducirte mostrándote sus caminos, pero aun así tomarás la decisión de acuerdo con tus creencias. Se puede mirar fácilmente hacia arriba o atraer el pasado al futuro si permites la manifestación de tus propias decisiones mostrando el espacio y el tiempo posible.

El vecindario es definitivamente una forma de describir quién eres tú, tu ser y tus alrededores. Estoy segura de que sigues avanzando hacia el éxito, paso a paso, tal vez algunas veces lentamente, pero ¡avanzas! y eso es lo importante, porque decides no detenerte.

Una mente positiva hace que las cosas siempre sean posibles, a pesar de las adversidades y la incertidumbre, porque tu espíritu está logrando el proceso.

Si nosotros como seres humanos nos comunicamos de manera más efectiva y enfocamos nuestras necesidades colectivamente, los pensamientos y comportamientos cambian a lo largo de un proceso que muestra la magnitud del progreso.

Merezco y tú mereces tiempo, materia y espacio, trabajando colectivamente a favor.

- ¿Sucederá?, sí,
- ¿Funcionará?, sí.
- ¿Es posible?, sí.

Eres la razón, la pasión, el fervor, el amor y la admiración.

Los procesos que posees, trabajas y capacitas, serán como un vaso transparente, medio lleno, medio vacío; tu filosofía y disciplina son tuyas y se adaptarán a tus necesidades financieras si logras un rol, actitud o aptitud diferentes en acciones, es seguro que todo se manifieste favorablemente.

CAMBIA TU PERSPECTIVA Y CAMBIARÁ TU VIDA.

"Una vez que aceptamos nuestros límites, podemos ir más allá de ellos".

Albert Einstein

Las personas se quejan la mayoría de las veces por cosas insignificantes que no tienen solución. Si cambias tu perspectiva y en lugar de quejarte piensas cómo cambiar la situación estarás en un camino correcto, en un proceso de aceptación que te llevará a encontrar la estrategia adecuada que te libere de tus problemas.

Si estás leyendo este libro estoy segura que grandes oportunidades llegarán a tu vida y ni siquiera lo notarás.

No intentes controlar o manipular cada situación negativa, más bien cámbiala para tu beneficio. ¿Qué beneficio puede ser? Sé con certeza que tú tienes la decisión en tus manos.

Erradica los miedos en ti mismo, porque allí has desperdiciado tiempo, energía y esfuerzo dañando el camino elegido.

Tuve tiempos donde mi alma fue desperdiciando energía en situaciones que no podía controlar solo para cambiar mi punto de vista y torcer la perspectiva a mi favor. Parte de este error me dio un enorme desgaste y gobernó mi vida desfavorablemente ya que aún no había quebrado el patrón de pensamientos de pobreza en mi mente.

Te animo a unir tu alma con la mía, en sentimientos, pensamientos y acciones para obtener los resultados que deseas lograr hoy, mañana y siempre.

Nunca cultives pensamientos de negatividad que controlen quién eres, porque el ego golpeará y tal vez el enemigo se aproveche de tu caída. Busca Amor, ama a Dios y difunde con dignidad la palabra de sabiduría a tus seres queridos, en lugar de desperdiciar tu energía en las cosas que no son posibles de solucionar en ese momento en particular.

En esos momentos difíciles puedes hacer algo diferente para sentirte mejor, como por ejemplo energizar tu cuerpo con ejercicio físico, salir a caminar, leer o simplemente descansar.

Siempre ten en cuenta que los riesgos y las fallas son parte de hoy y jamás de mañana.

Creo firmemente que no debes condicionar tu estado de ánimo con las acciones de nadie, solo contigo mismo. Dedica tus mañanas a la rutina diaria de dar gracias por las cosas pequeñas o grandes que tienes en tu vida. Comunícate mucho más y con frecuencia con tus seres queridos. Cuanto más amor des con intensidad, la vida te devolverá de la misma manera. Estamos acostumbrados a seguir a la multitud.

¿Cuál es tu propósito en la vida?

Si tienes el foco en tu propósito de vida las dificultades jamás serán un obstáculo para cumplir tus objetivos.

Te recomiendo cambiar una cosa a la vez para lograr que los cambios favorables sucedan en secuencia.

Cambia tu perspectiva y cambiará tu vida. Desenfócate de los problemas y enfócate en las soluciones

---

Mi hijo Luis Antonio que solo tiene doce años, es mi fuente de bendición, también mi hija Gianna Paloma de diez años, sus actitudes y sus formas amables de mostrar su afecto, me permiten ver la pureza y el más grande amor. Ellos no juzgan sino que contribuyen positivamente dando lo mejor. Esa inocencia que anida dentro de su corazón; para mí es la bendición más grande y es eso en lo que me concentro cada día para agradecer y bendecir toda la dicha que Dios me ha brindado.

Concéntrate hoy en todo aquello que engrandece tu vida, desecha el negativismo como basura, como parte de tu antiguo Yo. Energiza tu cuerpo, mente y alma en el propósito elegido que es tu estigma.

"Nunca subestimes el poder de la mente. Persiste en crear nuevos pensamientos para evitar volver a caer en patrones negativos. Es una lucha continua y tienes que comprometerte a ganar si quieres tener éxito".

Bob Proctor

Segunda Parte

TU ESPEJO RETROSPECTIVO.

"La verdadera competencia ha de ser con uno mismo".

Carl Lewis

Mary persigue victorias mientras que Paulo tiende a ver las fallas de las personas, Paulo tuvo una vida disciplinada y una infancia muy buena, viajó por muchos países e hizo muchos deportes, su visión de la vida es sobresalir y ganar siempre, ya que es un hombre competitivo y atlético. Sin embargo, Mary vivió siempre su vida luchando por recuperarse de las pérdidas, sintiendo mucho dolor, pero a través de las experiencias de la vida aprendió a no perder la fe y ganar un desafío más para continuar con sus batallas. Mientras tanto, Paulo tan pronto como perdió un juego o no pudo resolver una confrontación amistosa; sus alas se hundieron. ¿Sabes por qué?

Paulo siempre está compitiendo con alguien más, Mary siempre está compitiendo con ella misma.

Esta es la razón por la cual un espejo es retrospectivo. Tienes la oportunidad de comenzar y terminar una batalla, manifestar tus pensamientos y amor por buenas o malas razones. También puedes mantener una posición de disputa o crecer en milagros. Puedes luchar contra el enemigo con amor propio o terminar la disputa con odio.

Los patrones de pobreza crecen en tu mente con disputas, desesperación, dolor, arrepentimiento, culpa, confrontación, litigios, resentimiento, descontento, objetivos poco realistas, todo lo negativo creado a través del tiempo, años, décadas y nunca cambia para mejorar.

> **La pobreza no se basa solo en el plano físico sino, mayormente, en la carencia que habita en los pensamientos y la mente de las personas.**

Si tuvieras que identificarte con uno de los personajes de esta historia, ¿escogerías a Mary o a Paulo? E estarás de acuerdo en que cualquiera de las dos puede ser una elección posible.

Pero si tuvieses que escoger uno solo, ¿sería una decisión difícil?

La clave es que puedas darte cuenta de lo que está mal dentro y fuera de ti, para poder identificar lo que se está desarrollando incorrectamente a través del tiempo y los años.

El tiempo es ilimitado, las falsas creencias de los seres humanos han creado un tiempo limitado, para poner fronteras a tus alas, pero ahora tu elección debe ser dejar que tus alas se eleven para construir un futuro mejor.

Tu vida se puede manifestar para bien o para mal, el patrón de tus pensamientos puede continuar en una excelente senda o torcerse ahora hacia la mediocridad. Crea el compromiso de elegir un cambio positivo con pequeños pasos. Ahora es tu oportunidad de confirmar y corregir lo que está cambiando en ti mismo o quejarte. Necesitas quitar de tu viejo patrón todo lo que es incorrecto, para corregir el costado de tu espejo.

"Los libros que más te ayudan son los que te hacen pensar más. La forma más difícil de aprender es la lectura fácil; pero un gran libro que proviene de un gran pensador es un barco de pensamiento, cargado de verdad y belleza".

Pablo Neruda

Siento que estoy hablando conmigo misma; Paulo necesita cambios hoy, en este momento debe construir una nueva alma, mente y pensamientos; mientras que Mary está convirtiendo su comportamiento en cambios sinceros en sí misma.

El amor es un espejo al que te enfrentas cada día, cada minuto, cada segundo; en una sociedad que desafiará cada vez más tu propia voluntad…

UN PEQUEÑO CAMBIO NO ES SUFICIENTE PARA LOGRAR ABUNDANCIA.

"Debes ser el cambio que deseas ver en el mundo".

Mahatma Gandhi

Estela es una mujer profesional, le encanta leer pero no cocinar, hace sus tareas pero siempre posterga una cosa: organizar sus ideas con un proceso sistemático, pues es difícil para ella detener el torrente de ideas y pensamientos para organizarlos. Ella ha descubierto que entre sus decisiones y opiniones falta una cosa: el amor por sus propias elecciones, ideales, pasiones, criterios de vida; aunque su posición para delegar sus necesidades y encontrar la paz en sí misma, siempre es cuestionada. Ella es muy decidida en sus proyectos…, aunque su esposo muchas veces no la comprenda. Él cree que no ha hecho mucho, pero ella sabe que su visión no es "visible" para él; su esposo piensa que ella tiene que mantener la casa en perfectas condiciones siempre. En este matrimonio falta mucho apoyo emocional y se avecinan fuertes cambios. **¿Cómo puedes detener una ola que está a punto de chocar contra el océano?** Esta ola es de gran magnitud y tiene una pesada carga. Siendo realistas, siempre podemos hacer un cambio, sin embargo, el cambio fluirá si MANIFESTAMOS nuestras intenciones para bien. El plan de acción tendrá éxito en la conquista, según de qué trate nuestra determinación… Si es PARA BIEN de todos, tiene mayores posibilidades que a la inversa.

Estela se encuentra atrapada en una vida sin ningún significado, sin el apoyo de la familia y principalmente de la persona que ella cree que debe estar a su lado, su esposo. Su naturaleza de reclusa la está matando por dentro, intenta forzar la barrera de su mente y llega un momento de paz para favorecer un cambio, intenta tranquilizarse, participa activamente en todo lo que encuentra motivante para salir del caos; cuestiona sus acciones…

¿Por qué los seres humanos nos permitimos ser siempre tan duros en nuestras intenciones? Luego viene nuestra posición de víctima hacia lo que sea que planeemos cambiar, pensando de manera negativa; en lugar de cultivar pensamientos positivos y hacer afirmaciones.

Dedica tu vida a extraer lo positivo en cada situación, cambia tu posición mental para descansar y asegurarte de que aunque el proceso duela y sea largo, también encontrarás una luz fuera de ese túnel lo suficientemente pronto como para bendecir, con tu experiencia, a otros que pueden enfrentar el mismo desafío o uno similar a la situación que tienes ahora.

Debe ser suficiente para ti la acción y reacción de tu afirmación, los cambios del mundo y quizás la disciplina activa para motivar y formar una atmósfera completamente diferente.

Las victorias son importantes para exaltar la grandeza del ser humano, porque al confiar en el proceso, verás el cambio indefinidamente.

"Los tiempos cambian todo excepto algo dentro de nosotros que siempre es sorprendido por el cambio".

Thomas Hardy

Estela crea emociones brillantes e impactantes para deleitar a su audiencia, sus seguidores quedan apasionados con sus enseñanzas. Ella manifiesta una declaración poderosa, que es aplicable a su vida ciertamente.

¿Es posible que no pueda dar lo que no posee? Sus palabras impactantes también cambiarán a quienquiera que encuentre a su paso y esté dispuesto a liderar el diseño de acciones y cuestionar sus pensamientos.

La decisión siempre es edificante aquí y allá, eventualmente funcionará si tu enfoque está en un objetivo.

Debes desarrollar al máximo tus capacidades, amar a todas las personas, nunca renunciar a tus sueños. Seguramente tus acciones positivas provocarán una ola de cambios favorables para mejorar tu calidad de vida.

Necesitas despertar de ese sueño maravilloso donde tú ya eres todo lo que siempre soñaste ser.

¡LA ÚNICA RAZÓN DE TU VIDA ES SER QUIEN ERES!, una maravillosa criatura que Dios diseñó para el propósito más grande:

"TENER UNA VIDA DE ABUNDANCIA".

ESTRATEGIAS PARA LOGRAR GRANDEZA.

"Así como un pimpollo se transforma en una bella flor y así como una oruga se transforma en una preciosa mariposa; de la misma forma los seres humanos tenemos un enorme potencial para transformarnos en todo aquello que podamos soñar... Por eso **SUEÑA EN GRANDE Y TUS RESULTADOS SERÁN TAN GRANDES COMO TUS SUEÑOS**".

Analía Exeni

¿Recuerdas tu infancia pura y excelente dentro de tu mente, un niño que sueña en grande y a corta distancia?, o ¿estarás de acuerdo en que mientras creces, los límites comienzan a afectarte por las palabras o la orientación de tus padres desde el lado equivocado?, ¿te hicieron pensar que no eres lo suficientemente bueno para practicar deportes, administrar un negocio o ser un buen amigo? Todo eso son percepciones de ellos, pero tu mente está siendo condicionada por las creencias de esas personas; pero recuerda eres tu quien debe crear una estrategia para cambiar y marcar la diferencia. ¿Qué puedes hacer en estas circunstancias?, tienes dos opciones:

1. Quedarte con esas falsas creencias sepultadas en tu mente inconsciente.
2. Condicionar tu mente para cambiar las creencias negativas por otras que te favorecen.

La segunda opción significa que debes reprogramar tu auto creencia en ti mismo.

Las creencias necesitan un cambio de conciencia; ¿Suena profundo?, ¡sí, lo es!

Permítanme explicar más, mientras busco las palabras correctas para describir en este libro, el proceso que tienes que seguir.

¿Cómo deberías pensar? Debes llevar los pensamientos al proceso consciente, darte cuenta de lo que realmente hay adentro de ti, reconocer tus talentos, tus valores, tus necesidades y el amor que fluye hacia lo que quieres en la vida. Tú de hecho eres un canal, un pasaje, un acuerdo con tu mente aquí y ahora.

¿Me crees?, ¿te suena familiar?, ¿tiene sentido?

"Cambia tu vida hoy, no apuestes por el futuro, actúa ahora, sin demora".

Simone de Beauvoir

¿Ves lo que realmente se requiere para generar una diferencia?, son solo acciones continuas, progresivamente, todo lo que te brinde abundancia, manifestando una realidad nueva para ti y para cada persona que está influenciada por tu autoridad. ¿Quién tiene la razón entre la autoridad y la incomodidad de transformación en tu mente, espíritu y alma?

¿Cuánta incomodidad puedes soportar? El tamaño de la misma, es la respuesta de tus objetivos y tal vez de tus sueños.

"Lo que eres hoy, es el resultado de las decisiones y elecciones del pasado. Lo que eres mañana es consecuencia de las acciones de hoy".

Swami Vivekananda

Si pensamos en grande, atraemos la grandeza a nuestras vidas como seres humano, seres de luz y hermandad.

¿Es grandeza lo que deseas en tu vida? ¡Quien busca siempre encuentra oportunidades!

Recuerdo uno de mis mentores Dr. Obom Bowen, él me dijo: ¿Qué quieres de mí?, pregunta y se te dará, solo tienes que hablar y pedir…, así mismo dice Dios en la biblia...

Pedid, y se os dará; buscad, y hallaréis; llamad, y se os abrirá. Porque cualquiera que pide, recibe; y el que busca, halla; y al que llama, se le abre.

Mateo 7:7-11

Mi respuesta para Dr. Bowen fue: "que esté presente en mi próximo libro en el prólogo y unirnos en comunidad".

> **Tú y yo somos dichosos, porque todo lo que ponemos en afirmación, visualización y metas se logra siempre.**
>
> **CUANDO DESEES RECIBIR ALGO SOLO DEBES PEDIR, ESE ES EL ÚNICO SECRETO DEL VERDADERO ÉXITO.**

Hoy he emprendido nuevos negocios, conferencias, asociaciones y afiliaciones porque me dedico a pedir, escribir, afirmar y a unirme con personas grandiosas, como por ejemplo, la autora del prólogo de este maravilloso libro, Analía Exeni, con su editorial Autores de Éxito; quien es mi socia con el programa Best Seller.

También destaco mi asociación con Héctor Rodríguez Curbelo y su network Tour "Se el Jefe" Canadá 2020 – 2024.

Sé ejemplo de vida, vibrando a alta frecuencia, donde el día de hoy sea igual que mañana, pasado o cien días más.

¡Tú eres el destino de tu vida, tú eres tu libro viviente, somos más que vencedores en Cristo Jesús, recuérdalo siempre!

Antes, en todas estas cosas somos más que vencedores por medio de aquel que nos amó.

Por lo cual estoy seguro de que ni la muerte, ni la vida, ni ángeles, ni principados, ni potestades, ni lo presente, ni lo por venir, ni lo alto, ni lo profundo, ni ninguna otra cosa creada nos podrá separar del amor de Dios, que es en Cristo Jesús Señor nuestro. Romanos 8:37-39

VISUALIZA TU ÉXITO. CREA TU REALIDAD.

"Los pensadores positivos crearon grandes imágenes de lo que quieren en sus mentes; pueden predecir el futuro desde el presente".

Israelmore Ayivor

Cambiar su carácter toma tiempo para construir nuevos patrones positivos de pensamiento, para condicionar sus comportamientos y por ende su éxito. El poder de la auto-creencia se transmite a cualquier persona que desea más, quiere un cambio favorable en su vida y busca diferentes alternativas.

La consistencia de las acciones positivas permite crear una atmósfera de felicidad y cambios favorables.

Recuerdo un día cuando llegué a casa después de largas horas de trabajo, tiempo excesivo de viajar desde la parte oeste de la ciudad al lado este, a más de 30 km de distancia y en autobús, alrededor de 2 horas de un largo paseo por la mañana y otro viaje de regreso a casa por la tarde, más de 4 horas en total… Me sentía decepcionada luego de 8 horas de trabajo diario, después vivir la misma rutina cada día. Sin embargo un día decidía "hacer un gran cambio", en sólo una hora tomé la decisión de hacer un cambio favorable para mejorar mi calidad de vida.

Estaba totalmente determinada a acabar con mis miedos y comenzar un nuevo estilo de vida. Mi cuerpo y mi mente me decían al unísono que "ya era hora de un cambio". Solo yo era capaz de entender que aunque tenía gente viendo mis esfuerzos hechos todos los días, no podían sentir mi frustración ni mi necesidad de un cambio.

Entendí que esta decisión era mía y de nadie más. **Decidí romper el patrón de miedo y obtener mi vehículo al día siguiente, aunque no tenía licencia de conducir**, ni entrenamiento, y sin saber de lo que es conducir en detalle, pero me dije dentro de mí, ¡hoy es el día y basta! Me fui a la cama y al día siguiente me levanté para ir a un concesionario.

Una vez que llegué, miré alrededor de tres coches. Me senté en uno con sillas de cuero maravilloso y me dije: **"esto es lo único que necesito"**.

Luego me dispuse a establecer los términos de la compra del vehículo con el representant

e de ventas, lo primero que él preguntó fue:

—¿Podría por favor ver su licencia de conducir?

Observé a mi marido que estaba a mi lado, él se quedó mudo…, luego respondí:

—No tengo licencia de conducir.

El vendedor me miró desesperadamente perdido.

—¿Qué?

—¿Por qué?

A lo que respondí:

—Sí, no tengo aún…

Él contestó:

—¿En cuántos días puede conseguir una licencia?

—¡Mañana!

¡Me miró confundido...! ,

—¿Mañana?

—Dije que sí, mañana mismo…

Siempre digo que lo importante no es lo que te limita sino con lo que tú estás limitado.

¡Dije que ya fue suficiente tiempo y trabajé proactivamente para el cambio, no mirando al obstáculo, sino más bien a la oportunidad para el mejor cambio!

Realmente deseo que tu puedas ver a lo lejos cuantas cosas han llegado a lo largo de estos años a tu vida, puedes haber experimentado dolor y pérdidas, pero las victorias también seguro han tocado tu puerta, tus deseos están controlados por tu destino, pero recuerda que tú eres quien define lo que es una necesidad y lo que es un deseo en tu vida.

Cuando emitas la frecuencia perfecta de lo que deseas, las personas, circunstancias y eventos perfectos serán atraídos hacia ti y entregados al canal de energía que tuvieron entrada en tus pensamientos a través de tu mente y alma.

Hazte un favor a ti mismo, observa los momentos instantáneos, aprende a fallar y ganar, enseña a tus hijos a dominar su amor propio y hacia los demás, respeta tu deseo y **siéntete imparable en tus acciones hacia tu mayor éxito.** Tú eres el creador de tu riqueza, aprende a poner tu confianza en Dios primero, luego escucha los latidos de tu corazón y manifiesta tu condición en las cosas que parecen inamovibles y pueden ser cambiadas en un instante sólo porque tú te has comprometido a ti mismo en cuidado y confianza.

Confía en el Señor con todo tu corazón; y no te inclines a tu propio entendimiento. En todos tus caminos lo reconocerás, y Él dirigirá tus caminos.

Prov.3: 5-6

Definitivamente, no estamos solos. Tenemos la capacidad de obtener una excelente visibilidad de nuestro futuro, les puedo garantizar que podemos llegar al cielo simultáneamente, tenemos que prepararnos para alcanzar la grandeza y empezar a romper los límites y pensamientos de pobreza, mientras tanto los cambios suceden favorablemente.

Mi mayor deseo es traer la victoria a tu mente, ¿Qué es la victoria?: eres "TÚ", si "TÚ".

Nadie más que "TÚ" merece el triunfo.

El mayor regalo de la vida es haber nacido… y ya tienes ese regalo. ¡Disfrútalo!

Si te enfrentas a la vida y parece que cada paso que das es más difícil y empeora tu situación, recuerda que la cima es el cielo, y tú el único que llegará a la cima, y que cada paso que das es un escalón donde tu empujas tus pies o también los retraes o sea los encoges para retroceder…, la escalinata es larga pero tus pensamientos son cortos cuando tu esperanza y tu enfoque son precisos.

Tu mayor gozo es ver que detrás de cada escalón hacia arriba siempre tendrás un resultado, uno para mejorar y otro en ganar todo lo que anhelas cada día. ¡Sube no te desanimes! , si las luchas parecen largas, frías y oscuras, recuerda que hay otros caminando hacia arriba a la par, y que también tienen ellos un destino, que tendrán fallas y por supuesto tropiezos pero que tú siempre podrías estar aún mejor que ellos…

www.breakthroughrose.com

Aquí encontrarás un blog destinado a mejorar tu calidad de vida. ¡Suscríbete!

También te invito a mi programa de TV y Radio "Hablando entre Mujeres" donde te daré herramientas de Superación Personal. ¡Te espero!

Me gustaría mucho que seas parte de mi canal de YouTube: "Rosemarie Sánchez"

LA MENTALIDAD ES ESPIRITUAL.

"Nunca permitas que las mentes pequeñas te convenzan de que tus sueños son demasiado grandes".

Anónimo.

Quiero compartir contigo una historia que sucedió hace muchos años, ¿estás listo?, muy bien, aquí hay algunos detalles, podría darte los conceptos simples para explicarte porqué ¡un día más!, es tan significativo y aunque el tiempo es medido por tus propios pensamientos, también es importante recordar que es una capacidad que Dios ha creado para ti; significa enfocarte y alcanzar una meta y que esa meta se base en lo que esperas cumplir en el plano físico.

Tuve la oportunidad de reunirme con el Creador de mi vida "Dios", de hecho, lo hice cuando vine a Canadá hace veintiún años.

Busqué ayuda y la ayuda me fue enviada pero no como pensé, obtuve ayuda de gente que conocí, gente que Dios puso en mi vida. Todo lo que intenté e hice no fue suficiente para entender el poder de mis propias acciones. Decidí quedarme en Canadá mucho más tiempo para lograr metas y sueños que tenía en mente.

Primero, tuve que aceptar la idea de que por mí misma sería mucho más difícil, un desafío que necesitaba justificar. Mis padres y mi abuela habían invertido dinero, tiempo y esfuerzo y valoré la dicha de tener los medios para pagar el costo de la matrícula, la ropa y la estancia. Me doy cuenta del desafío que representó vivir un día a la vez, considerando que eso era suficiente para suplir mis necesidades, en un lugar donde tenía el control de mi propia vida y debía tomar el riesgo, ¿era simple? , ¡Oh no...! , ¿Valió la pena?... ¡oh sí!... Encontré todo lo que necesitaba y sentí lo que nunca antes había sentido en mi vida, gracias a la bendición de mi Señor Jesucristo, ¡recibí todo lo que a mi alma y mi espíritu les faltaba! Todo esto me mostró cómo espiritualmente yo tenía sed de saber la verdad.

"Sin embargo, considero que mi vida no vale nada para mí y vivo por gracia; mi único objetivo es terminar la carrera y completar la tarea que el Señor Jesús me ha dado, la tarea de testificar la buena nueva de la gracia de Dios".

Hechos 20:24

Mi vida espiritualmente estaba muerta, sin embargo sentía el ardiente deseo de tener una motivación para crear nuevas cosas a nivel interior y exterior. ¡Quería ser alguien cada vez mejor!

El sueño que has meditado durante días, meses y años comienza a materializarse a través de una mentalidad positiva orientada hacia la motivación para lograr la meta.

¿Es bueno ayudarse a sí mismos y no ayudar a cambiar la vida de otras personas?, ¿Has oído hablar de la cita que dice "nunca juzgues un libro por su portada"? , definitivamente ese concepto cambió mi mentalidad.

Conquistar un sueño donde nadie más que tú está involucrado nunca es un sueño. Este mundo está diseñado para apoyarnos los unos a los otros, ¡la diferencia la hacemos juntos!, porque unidos el propósito es completo.

En mi website encontrarás frases de inspiración para tu vida, visita la página y regístrate.

www.breakthrougrose.com

Tercera Parte

EL DÍA A DÍA.

"Me devoro la vida aquí y ahora sin dejar para mañana lo que hoy me hace feliz.

No hay mejor día que ¡hoy!

No hay mejor vida que esta vida.

Ayer se ha ido y sobre mañana no sabemos nada.
¡Hoy es la realidad latente!

¿Tienes vida?... ¿Tienes aire para respirar?...
¡Entonces lo tienes todo!

No hay mejor momento que este momento…

Recuerda: **la vida es el mayor premio***"…*

Analía Exeni

HOY, quiero escribir este libro con un propósito, para mostrarte por qué cada día sentía que mi vida tenía un significado pero pocos días entendí que era real, lo mucho que escuché a otros mentores ha traído diferentes puntos de vista para conectar las cosas en mi vida.

Si tuviera un día más para tomar una decisión sabia en mi vida, ese día sería: ¡hoy!

Te animo a tomar una decisión a nivel personal, comprometiéndote con lo que es correcto.

Hay una cosa que tenemos en común todos los seres humanos: "necesitamos ser apreciados", pero no por cuanto sabemos, sino por cuanto podemos dar.

Decide hoy hacer un cambio que llene tu espíritu de paz interior; toma una gran decisión que determine mejoras radicales en tu vida.

"Déjame abrazarte, amarga adversidad, porque los hombres sabios dicen que es lo más prudente".

William Shakespeare

Mirando a través de mi espejo trasero, hay un pasado para recordar... También es preciso valorar lo mucho que he logrado hasta hoy, y saber con total convicción que **mi futuro es ilimitado.**

Cada paso que das forma tu destino, por supuesto que quieres ser una mejor persona cada día, pero permanecer en la zona de confort te hace sentir feliz e incómodo a la vez, tú como un empresario de tu vida sabes que **el riesgo es una elección diaria, los altibajos son la virtud de tu destino**, porque te permiten cambiar el patrón de control de tu mente, construyendo nuevos pensamientos que te favorecen.

El conocimiento no es suficiente si no está acompañado de ACCIÓN.

¿Un día a la vez, parece poco o demasiado?
¿Qué te parece?

Sé que mi destino es mucho más antiguo que yo, espero disfrutar cada capítulo de este libro expresando como "cambiar el patrón de la pobreza" ha controlado a la humanidad para lograr la grandeza; así que dejen de pensar que su mundo no está cambiando. Si se sienten incómodos con su energía es porque algo está sucediendo en el plano espiritual. Dios está despertando el deseo de creer más, amar más, soñar más... sólo debemos esperar que nuestro futuro por delante sea cada vez mejor y con seguridad ¡Así será!

"Puede quien piensa que puede, y no puede quien piensa que no puede. Esta es una ley inexorable e indiscutible".

Pablo Picasso

Encontrarás un blog especial con mensajes que inspiren tu vida en mi website:

www.breakthroughrose.com

TU ALMA MUESTRA TU RESPLANDOR.

"La belleza es un resplandor que se origina desde dentro y viene de la seguridad interior y el carácter fuerte".

Jane Seymour

¿Alguna vez tus expresiones han mostrado el significado de tus pensamientos?

Con un carácter fuerte se logra lo inimaginable.

Siempre que entro en un lugar vacío y comienzo a interactuar, ya sea haciendo cualquier pregunta, o pidiendo una orden, o incluso al elegir un producto a la venta, mucha gente comienza a entrar en el lugar y el espacio se llena, ¿crees que es suerte? , bueno déjame decirte que no es así.

Cuando tu espíritu ha sido construido para tener un carácter más fuerte, tu resplandor se vuelve notable, tu luz es más grande que tus pensamientos.

Entonces te conviertes en un imán de bendiciones para otros

"El Señor hace que su rostro brille sobre ti, y sea misericordioso contigo",

Números 6:25

Puedo perseguir un sueño, porque el resplandor de Dios y su Virtud brillan sobre mí, me ilumina y mi alma se siente motivada hacia más cosas espirituales que colmen mi vida de abundancia.

Recuerdo cuando era una niña y a veces me sentía incapaz de entender a la gente grande, que con su comportamiento no daban ejemplo de lo que enseñaban o predicaban, solía buscar mayores respuestas y un modelo a seguir, para así basar mis opiniones; aunque no tenía certeza de mi carácter, comprendí que en cuanto más concentraba mi energía en lo positivo, podía evitar pensamientos de ignorancia hacia la forma incorrecta en que muchos pensaban de mí. **La tolerancia siempre nos enseña una lección.**

Los niños han de tener mucha tolerancia con los adultos.

Antoine de Saint-Exupéry

¿Has notado algo interesante en un tren? ¿Has estado en una estación esperando la llegada del tren y a medida que se aproximaba notaste que no se detenía? Ahora imagina que todo lo que ves es la luz de las cabinas parpadeando a través de tus ojos. El mismo concepto es tu resplandor, porque es inalcanzable; mucha gente lo anhela pero sólo unos pocos caminarán en las cabinas que conforma el tren que es tu vida, porque cada cabina se puede definir como:

- Tu actitud,
- Tus talentos únicos,
- Tu espiritualidad,
- Tu integridad,
- Tus acciones éticas
- Tus palabras de aliento,
- El amor que refleja tu corazón. Etc.

¿Dejarías que todas tus cualidades queden a bordo contigo?, ¿Elegirías hacer una diferencia con las personas que confiaron en ti y se montaron en tus cabinas? , ¿Ocultarías la magnitud de tus logros y el resplandor de las cabinas del tren de tu vida en la oscuridad?

Si quieres abundancia en tu vida debes mostrar tu resplandor, debes demostrar a la gente que eres una persona confiable; este es un principio de todas las leyes del universo.

Una cosa que todos los seres humanos tenemos en común a través de la historia de la humanidad es la compasión, tu espíritu es un resplandor de este sentimiento; incluso la persona más mala en la tierra temerá en algún momento y se doblegará mostrando compasión y piedad, por lo tanto, haz una elección: que hoy sea tu resplandor interior el que venza todo, verás la puerta abierta siempre, encontrarás gente que te seguirá y te respetará, porque tu actitud la has transformado a través de tu resplandor en abundancia.

"La oscuridad no puede expulsar la oscuridad; sólo la luz puede hacer eso. El odio no puede expulsar el odio; sólo el amor puede hacer eso".

Martin Luther King, Jr.

Invierto tiempo en personas como tú, que desean superarse y crecer en todo ámbito, quebrando barreras y cambiando los patrones que no te han permitido llegar a tu destino más apreciado, **acercándote a esa persona grandiosa que eres tú en plenitud.**

Por favor visita mi sitio web: www.breakthroughrose.com, y regístrate para obtener información acerca de mentoría.

LA PAZ DEL CORAZÓN ABONA NUEVA TIERRA.

"Empieza haciendo lo necesario; luego haz lo que sea posible; y de repente estarás haciendo lo imposible".

San Francisco de Asís

El mundo avanza en caos todos los días, es irreversible, y lamentablemente dudo que cambiará...

¿Qué puedes hacer tú para revertir este caos?

Tu corazón puede trabajar más duro cada día buscando una manera de traer paz; buscando una forma de forzar tu mentalidad para controlar tu mundo exterior en alineación con tu propio ser, buscando la verdad más allá de cualquier ser humano razonable y trabajando para eso.

He cultivado mi relación con Dios en el amor más profundo y más alto, amor que trasciende el razonamiento de cada persona en este mundo.

Tal vez aún no has logrado que tu corazón llegue a la tierra fértil de la paz, pero no debes rendirte, debes luchar contra tus propios demonios con todas tus fuerzas y si eso no es suficiente es porque lo que gobierna en el mundo tiene que cambiar de lo carnal a lo más profundo del espíritu.

¡Tú debes contribuir! Aportar tu granito de arena para construir un mundo lleno de paz.

La paz permitirá que tu corazón traiga al mundo un nuevo ser humano espiritual, para crear en la tierra, en ¡tu tierra! una etapa limpia y pura…

Me pregunto si alguno de ustedes que leen este libro ¿buscará madurar en una relación de amor e integridad dentro de su corazón y entre las personas con la misma visión de vida? Pero todavía no nos hemos dado cuenta de que la propia mente del ser humano no le ha permitido el proceso para lograrlo. Es por eso que el corazón necesita estar por encima del nivel de resignación, sin arrepentimientos.

Es un poco complicado entender este tipo de cosas tan profundas, cuando estamos tan apresurados y estresados en la vida, sin analizar el alcance y la importancia de tener paz en el corazón.

Cuando las cosas van mal, tú puedes negar el hecho de que tu corazón está en la adversidad, puedes incluso, pensar que cooperar con la situación que estás manejando puede llevarte pronto al final de esa adversidad. Es probable que esto sea posible, con certeza el tiempo y el esfuerzo te recompensará.

Pero lo que termina físicamente en tu vista, también puede exigir en tu corazón un cambio y si este proceso no está curado, te garantizo que la misma situación puede suceder de nuevo, de una u otra forma, para que tus ojos la vean en circunstancias diferentes, pero definitivamente será descrito en tu vida como una necesidad de un cambio en ti, para así traer un nuevo comienzo, una nueva tierra a tu tierra y para desarrollar fructíferamente nuevas semillas, que seguirán llevándote en una dirección para conseguir la paz en ti.

La felicidad es un estado de la mente mientras que la paz está en el espíritu y en alineación con tu alma, mente, espíritu, corazón y cuerpo.

Alimenten a aquellos amigos y personas que han venido a ustedes para ayudar con sus bendiciones continuamente, sean agradecidos con aquellos que los ayudaron a ser más felices.

Continúa construyendo los eventos no anunciados que permitirán la libertad a tu espíritu, es imperdonable porque incluso pensando que no estaba preparado para suceder... aún vuestra energía y pensamientos lo crearon, esa es la existencia para rodearnos con el tiempo, ya había pasado, incluso sanado y no está dentro de vuestro estigma y tampoco estará en ustedes.

"Algún día, en algún lugar en cualquier lugar, infaliblemente, te encontrarás, y eso, y sólo eso, puede ser la hora más feliz o más amarga de tu vida".

Pablo Neruda

¿DOMINAS LA ECONOMÍA?

"Es más importante hacer crecer tus ingresos que reducir tus gastos.

Es más importante hacer crecer tu espíritu que cortar tus sueños".

Robert Kiyosaki

En realidad, la gente ha cambiado la economía con movimientos para hacer crecer el dinero más eficazmente con los anuncios digitales, los medios de comunicación y las carteras de inversiones, mientras que la sociedad está cambiando rápidamente, también los *millennials* tienen más oportunidades que nunca de trabajar en cualquier industria que elijan.

¿Por qué muchas personas buscan sabiamente tener negocios de alto nivel?

Es un gran momento para hacer lo que está fuera de la regla, la tecnología está cambiando realmente cada industria y ahora la gente no está buscando más una sola fuente de ingresos y no se debería tampoco.

Cada empresario que hoy trabaja con las industrias financieras, de salud y de consumo se ha vuelto más consciente de cómo las relaciones impactan a unos y a muchos en objetivos diferentes, que cada individuo tiene en mente.

Para beneficiarse de la economía como una fuente poderosa de ingresos, los negocios tendrán que ser desarrollados estratégicamente, algo diferente y observando lo que la competencia está haciendo en la industria a la que se desea pertenecer.

He observado atentamente a la gente que fue entrenada a través de asesores financieros. Los mentores y líderes de cualquier industria han tenido la oportunidad de elegir un camino diferente hacia el éxito, aunque sus creencias se han elevado para crear una diferencia y para elegir independientemente tomar sus propias decisiones, según sus necesidades.

¡Voy a testificar algo que mi madre vivió! Ella tuvo una gran lección, al ver que no había tenido la educación financiera correcta y también la información o las fuentes adecuadas de influencia. Invirtió su dinero erróneamente y no sabiamente. Como resultado, decidí ayudarla a modificar ese patrón e impulsarla hacia ese cambio. También me eduqué financieramente para gestionar mis asuntos de acuerdo con lo que la economía demanda y exige, sabiendo que sus regulaciones podrían potencialmente ayudarme en el proceso de invertir inteligentemente y obtener direcciones correctas para mi futuro financiero hacia la prosperidad.

Admiro a las personas que han invertido su tiempo y esfuerzo para gestionar su vida financiera escuchando y acercándose a las estrategias dadas por expertos en la materia, logrando tener un GPS financiero formado, que significa tener una hoja de ruta a su destino final para la jubilación y sueños por alcanzar.

"El fracaso nunca me alcanzará si mi determinación de tener éxito es lo suficientemente fuerte".

Og Mandino

La gente no planea fracasar, fracasa sin el plan ejecutado.

¿Por qué?, precisamente porque el miedo al fracaso es más grande que los pensamientos positivos y la determinación para conquistar un resultado que favorezca sus necesidades.

Si tú buscas, también encontrarás.

Nunca subestimes tus prioridades para la fe o el cumplimiento de lo que has creado. Un desafío es siempre un paso a una puerta que se abre con valor y determinación, puedes dominar tus ideas y principios cada vez que lo necesites.

Además, la economía en todos y cada uno de estos días, está evolucionando para bien o para mal, pero tú tienes el potencial de cambiar de cero a magnitudes, recuerda que todo está en ti.

¿Podría alguien más tener la responsabilidad?

¡Tú eres el Artista y el Autor de tu vida, defínela para el bien siempre!

¿CUÁL ES LA RESPUESTA CORRECTA?

"Nunca te rindas. Tu llamado está un paso por delante, mantente y alcanza tu máximo potencial".

Rosemarie Sánchez

Una niña de nombre Marie había ganado muchos juegos olímpicos, obteniendo innumerables medallas, pero, a pesar de la certeza de su éxito ella seguía buscando respuestas. Te has preguntado alguna vez ¿qué hay más allá del éxito? Esta pregunta había permanecido en la mente de Marie por años…

¿Debería ser este el final de su carrera?, ella sabía que cualquier respuesta sería incierta a la edad de veinte años…

Ella ha sido una joven determinada para el deporte de alto nivel, pero siempre mantuvo sus sueños personales ocultos.

Como podrás darte cuenta esta niña que había logrado una vida de desafíos todavía demuestra que en su mente tiene dudas de su destino.

Al encontrarse con Juan en un boulevard, Marie tuvo mucho miedo a darse a conocer. Algo en ella mostraba no tener confianza en sí misma. Pero ¿cómo es que una ganadora de muchas medallas y trofeos, tiene en su mente patrones de encarcelamiento al relacionarse con otros? Esa es una pregunta muy compleja.

Juan es otro atleta con las mismas habilidades y premios similares, que también renunció a su niñez para convertirse en una persona atlética privada de su adolescencia, de disfrutar con amigos, salir al cine, etc. Hay una respuesta a esto, "la disciplina ha gobernado sus vidas desde que eran niños" porque sus padres vieron en ellos un gran talento.

Marie nunca creció entre niños, ni aprendió a comportarse como uno de ellos, no asistió a la escuela. Sus familiares muy protectores y ansiosos por convertirla en una "estrella", la alejaron de ese mundo para mantenerla motivada a conquistar su carrera como deportista; siempre exigiéndole exceder el siguiente nivel de excelencia. La obligaban a cumplir estrictos horarios y rutinas, con el único propósito de que Marie pudiera convertirse en una campeona. Ese era exactamente el deseo de sus padres, que la niña tuviese una carrera como tenista profesional, lo cual ella logró con creces.

¿Puede ser que un niño esté determinado a ganar todos y cada uno de sus juegos sin aceptar derrotas?

¿Te identificas en esta situación?

¿Ya has descubierto tu pasión y amor por la vida?

¿Alguien se ha acercado a ti con un deseo significativo de ayudarte, y darte una retroalimentación hacia lo que debes hacer basado en tu perspectiva?

Entonces si tu "auto creencia" y pasión ha sido revelada a través del tiempo, tú podrás tener la respuesta correcta que se aplique a tu determinación de tener éxito, para cambiar y mejorar tu mundo. Pero también puede ser que la derrota te lleve al comienzo de un mejor camino de éxito, 100% creado por ti.

Un escritor dijo:

"A menos que intentes hacer algo más allá de lo que has dominado, tú nunca crecerás"...

Definitivamente el amor infinito para alcanzar metas y sueños debe ser la respuesta a tus preguntas.

Lo importante no es lo que otros quieren de ti, lo importante es lo que a ti te hace feliz. Tú tienes el papel protagónico en todo esto, y es entonces cuando debes comprender que no siempre es importante la aprobación de otros; en muchos casos es mejor mantenerse alejado de la "adicción" de complacer a los demás y fundamentalmente aprender a parar y DECIR ¡NO!

Continúan creciendo cada día las ideas que Dios ha puesto en tu corazón y en tu alma. Mañana, el sol mostrará brillo o las sombras se pondrán alrededor de él, teniendo entonces un día menos brillante. Aun así, debes mantener tu motivación intacta, crear sinergia a las sombras y permitirte continuar tu camino, rumbo a tu mejor destino.

MANIFIESTA EL CAMBIO FUERA DE TI.

"Lo que te hace grande como ser humano y por ende rico son tus valores personales, porque tus valores te elevan sobre toda la mediocridad del mundo haciéndote millonario".

Analía Exeni

¿Cuál es la grandeza de este libro? Voy a explicarte la revelación de cosas maravillosas qué sucedieron en el pasado.

Cuando miras hacia el pasado, te admiras, porqué tu hoy ha cambiado; llegas a darte cuenta de la manifestación de Dios en tu vida.

Permanentemente tenía que buscar cada día más, mi alma estaba vacía porque mi propósito no me fue revelado por mucho tiempo, la razón es porque primero dediqué mi vida para complacer a otros antes de complacer mis propias necesidades, mi autoestima no estaba clara para mí, sabía de mi fuerte personalidad, pero también lo débil que me sentía al decir NO a la gente.

Las personas que buscan "agradar a todos" siempre encontrarán vacío en sus corazones y soledad en su camino.

Un día, tuve la oportunidad de encontrarme con un amigo que no había visto hace mucho tiempo, coordinamos un encuentro pero al conversar con él me di cuenta que nuestras necesidades eran totalmente diferentes y nuestros deseos totalmente opuestos. De inmediato pude darme cuenta de cómo el tiempo nos había separado y de lo diferente que nuestras vidas eran en la actualidad. Nuestros gustos y disgustos no eran los mismos, mis creencias y necesidades eran ciertamente de "otro planeta" para él, pero muy real para mí, porque mi criterio de vida era el diseñado para ayudar a la gente; sin embargo él era todavía arrogante y egoísta. Me pregunté internamente ¿qué cambió? si ambos crecimos juntos, hicimos las mismas cosas, tuvimos los mismos gustos.

La respuesta vino a mí de inmediato, me di cuenta que en mí había una luz muy diferente a la de él, porque había cambiado mi perspectiva de buscar el camino para mi propio bien; pero todavía yo no era capaz de decir NO a lo que no era apropiado para mi tiempo y mis necesidades. Dios había manifestado la gracia en mí, entonces mis pensamientos comenzaron a cambiar positivamente, me entregué a mí misma para buscar mi espíritu emprendedor, ¡recibí mi llamado!

Encontré lo que necesitaba: "mi confianza en Cristo y en mí misma", el significado y propósito de mi Reino, ¿por qué mi Reino?, porque Dios se había revelado a mí favor y ahora tengo la fuerza para caminar en infinita gracia, veo a las personas con dignidad y también misericordia, la forma en que Dios me ve a mí. ¿Es posible conseguir toda esta dicha? ¡Sí! Sólo tienes que declarar cada victoria diaria sobre cada episodio en tu vida.

Los cambios favorables ocurrirán a aquellos que esperan pacientemente y cumplen su llamado en la vida.

No importa cuán maltratado hayas sido, cuánta injusticia hayas enfrentado, los desafíos siempre definirán tu verdadera identidad.

Un águila puede volar a través de la tormenta, a través de fuertes vientos y terribles tempestades; incluso vuela más alto que todos los pájaros del mundo, nunca tiene miedo de la oscuridad. Logra la grandeza porque mientras la tormenta golpea ella supera todos los obstáculos a los que se enfrenta con gran determinación. Cuando descansa, va a la cima de la montaña para admirar la belleza de la vida, la majestuosa naturaleza. Las águilas declararán la victoria una vez que la tormenta haya terminado. Tú también puedes hacer lo mismo, incluso si las tormentas te golpean contra las rocas más difíciles de tu vida; los vientos pueden tirarte al suelo, pero si tus alas todavía se abren, ya estarás listo para un nuevo vuelo.

Tú siempre tendrás el poder de hacer frente a las circunstancias. Yo también tengo ese poder, todos los seres humanos lo tenemos.

Sé un águila que nunca teme a las tinieblas porque la luz está sobre ti.

"Cuando hay una tormenta los pajaritos se esconden, pero las águilas vuelan más alto".

Mahatma Gandhi

Ora en tiempos difíciles y busca la paz en tu corazón, permanece alerta en la angustia, utilizando la oración como la mejor arma ante eventos imprevistos y adversidades.

Somos espíritu y carne, nuestra guerra es espiritual y se manifestará en nuestro universo físico.

También tienes la fuerza a través de tus pensamientos para enviar amor, dudas e incertidumbre, también eres capaz de saber cuándo puedes desechar todo lo que no te está haciendo crecer.

"No dejaré que nadie pase por mi mente con sus pies sucios".

Mahatma Gandhi

¡Se fuerte como el águila!

El perdón siempre está a tu disposición, basta solo con amar con todas tus fuerzas y el amor encontrará el perdón que tanto anhelas.

Baja tus armas y deja que el águila se apresure a llegar más rápido que el mismo viento.

¡Se humilde!

Porque si de algo estamos seguros es de cuando partiremos de esta tierra llamada fértil pero estéril por dentro, no seas tú el águila que llega a la meta y dice "ya lo hice", no hay más tormentas, solo me queda desgarrarme toda para que jamás toque a mi puerta el viento que padecí por cada vuelo que intenté y siempre se manifestó tan simple como el aura en la mar.

Hoy estas a tiempo de cada sueño, cada suspiro y cada infinito sean solamente lo que más anhelas ser, esa flor que renace y deja de marchitarse por el agua que nunca la alcanzó.

Cuando entren en el tabernáculo de reunión, se lavarán con agua, para que no mueran; y cuando se acerquen al altar para ministrar, para quemar la ofrenda encendida para Jehová, se lavarán las manos y los pies, para que no mueran. Y lo tendrán por estatuto perpetuo él y su descendencia por sus generaciones.
Éxodo 30:20-21

Si te gustó este libro por favor deja un comentario positivo en:

Amazon.com

Envíame un mensaje por mi sitio web:

www.breakthroughrose.com

Puedes inscribirte y obtener 30 minutos de tutoría gratuita.

ROSEMARIE

Rosas se forman siempre entre los espinos, los espinos siempre se forman de cada rama en transición.

Oscilan los momentos buenos en mi mente, sé que tú también sientes lo mismo, ¡somos energía siempre!

Siembra cada Rosa en tierra fértil, nunca dejes de sobrellevar la tierra sólida que Dios te dio. ¡Somos victoria!

Estoy aquí y valoro cada regalo que tengo y sirvo a diario. ¡Yo soy un milagro en movimiento al éxito!

Mencionar un poco más de todo lo que soy es sencillo, con una sola frase puedo expresarlo, soy exactamente lo que Dios me dio, ¡vida en movimiento!

Atiende cada pensamiento de manera sobrenatural, está en tu mente reaccionar de forma intencional o descuidada. Yo tomo hoy la decisión de hacer mejor las cosas en mi círculo de vivencias por siempre.

Río cada amanecer al mirar al sol y digo, "gracias Dios mío porque Tú estas presente en mi vida siempre".

Individualmente somos capaces de ser más conscientes de nuestra verdad, seamos luz y no oscuridad.

Entiendo que ser Rosemarie, es ser una Rosa en mi propia vida, porque soy Marie de bondad y verdad.

Estoy llena de Amor y Bendición

¡Por siempre!

Agradecimientos

Tanto que agradecer y tanto que mencionar, mi corazón está de júbilo, este libro primeramente se ha hecho con gran esfuerzo. Necesito agradecer a Dios primeramente, él es mi motor, y es todo en mí ser. Gracias Cristo porque has hecho todos tus planes perfectos en mí.

Agradezco primeramente a todas las personas que han confiado en mi persona, empiezo por agradecer a Analía Exeni quien dijo este libro es un BEST SELLER y jamás dudaré en tus capacidades y talento, me dio la dicha de mostrar esta obra maestra al mundo, Gracias Analía por ser una gran entrenadora "Coach de Escritores" con tu Academia Autores de Éxito. Te bendigo infinitamente, gracias por escribir el maravilloso prólogo hecho para el mundo y mi persona.

Agradezco a mi Abuela, "Lucila Velásquez" quien siempre vio en mi el patrón a seguir generaciones de conquista, ella me dijo "tú seguirás mis pasos" y ahora lo entiendo, Olga Lucila Velázquez con más de 30 libros de Ciencia y Poesía, hizo libros para la grandeza del alma, ¡gracias Abuela! porque tú has sido un ejemplo de vida a mi vida.

Agradezco infinitamente a mis mentores de vida, James MacNeil, Emilio Román, Daniela Román, Héctor Rodríguez Curbelo, Dr. Obom Bowen, Raymond Aaron, Dilesh Bhullar, Laila Bhullar, Daniel Pirillo.

A mis amigos colegas, Jorge de Jesús Núñez García quien es Periodista y Locutor con su Radio Urbanatvfm y su programa "Panorama Hispano" y "KBDTO", María Ocampo, Joseph Jiménez con Frequency5fm, la producción de 2ENLINEA TV, Kirsty Seferina por su apoyo en las redes de comunicación; Wilder M Gómez, Juan Alberto

Silva por transmitir en Al día Radio mi programa "Hablando entre Mujeres" William Jiménez Rozo Periodista y locutor de Magazin Sin Fronteras, Hugo Hernández de Universus Radio por ser mi mejor amigo, colega, Periodista y Locutor, Oscar Palomino Rodríguez como director y fundador de la radio Impacto FM estación, por transmitir mi programa en Colombia, a todos ellos muchas gracias y éxitos infinitos.

Un especial agradecimiento a Mariana Santos, quien es mi amiga del alma, Autora en el libro que unió nuestras vidas "Spiritual Fitness Survivor", también colega con su programa de Inmigración, "Santos & Associates immigration Inc.", por todas nuestras vivencias por darme fortaleza en momentos cruciales de mi vida. Gracias Mariana, por hacer sueños realidad para cada inmigrante que es cliente tuyo y hace de Canadá, el país de sus vidas con tus servicios de excelencia. ¡Te bendigo infinitamente!

A Laurie K. Grant quien ha sido parte de mi vida, brindándome tanto en tan poco tiempo, te agradezco a ti que pusiste tu amor, soporte y confianza en este libro, te digo "muchas gracias" y deseo que siempre este legado signifique para ti mucho éxito en todo lo que emprendas. ¡Bendiciones!

A Marta Huerta y Ramón González de la compañía contracorriente.com, de Madrid, España, quienes diseñaron la portada y contraportada de este libro, a usted mis más sinceros agradecimientos por tan majestuoso trabajo. ¡Bendiciones!

A Tony Romo, te agradezco por tu trabajo profesional en los diseños de banners para mis eventos con Puffin Marketing. Muchas Gracias. ¡Sigue siendo el líder que eres!

Mi amigo Ben Anthony La voz y a quien tuve y he tenido el honor de entrenar su mente, admiro tu trabajo Ben, gracias por confiar en mí.

A mi amiga del alma de infancia y adolescencia Ámbar Michelangeli, quien siempre ha estado por años en mi vida.

A mis amigos y colegas en México: Juan Nila Pérez, Israel Ayezer, Gloria Hekker productora y locutora; como también tantos otros con quienes estoy infinitamente agradecida por su ayuda y hermandad, a todos ustedes gracias por estar presente en mi vida. ¡Amo México, los bendigo infinitamente!

A mis amigas que tengo en el grupo cristiano "Construyendo Juntas" a cada una de ustedes gracias por su apoyo y fortaleza a mi alma. ¡Bendiciones!

A mi familia directa e indirecta, a todos los que están cerca y lejos, sería demasiado contar tanto amor de parte de mi familia Sánchez y mi familia Carmona. Los amo mucho. La felicidad de ser familia es infinita. ¡Gracias, los bendigo a todos!

Gracias a Mauricio Jiménez por siempre haber patrocinado mis fotos profesionales y tu distinguido trabajo con "Magic Vision" es de verdadero valor para mi vida y la de toda persona que busque tus servicios. ¡Gracias te bendigo!

Quiero bendecir y agradecer a todo el público amado que sigue mi programa "Hablando entre Mujeres" que ha impactado muchas vidas y he tenido la oportunidad de entrevistar personalidades como escritores, artistas y personas de influencia para la comunidad hispana y anglosajona en Canadá, con sus experiencias de vida y profesional. Gracias a ustedes por siempre ser parte del programa y creer en mi persona. ¡Los bendigo!

Al grupo de mujeres extraordinarias RIMLA Internacional que conformamos un grupo de emprendedoras victoriosas, aportando cambios radicales al mundo, ¡unidas todo lo podemos, bendiciones!

A la organización S.O.S. Peace, a su Presidente Antonio Carlos C. Silveira, embajadora de América Latina Susana Moya, a José Lucas Embajador del mundo y Canta Autor, productores ejecutivos Glen Vargas y Vandim Producciones; con la producción de la canción "Canto por la Paz", que ha sido un éxito rotundo para el mundo, gracias por dar a mi vida el paso al canto artístico, como también agradezco el trabajo hecho en México por la directora ejecutiva Gabriela Alcantar y doy gracias por haberme escogido como directora ejecutiva en Canadá. A toda esta organización les doy las gracias por confiar en mí y valorar mi trabajo para la humanidad. ¡Los bendigo a cada uno de ustedes!

A el grupo de Mujeres Imparables que somos más de 20 mujeres todas por una causa y haciendo mucho más juntas. ¡Gracias y las bendigo siempre!

A todos mis amigos, colegas, escritores, y representantes no mencionados aquí, pero saben que me refiero a ustedes. Gracias porque he tenido la dicha de conocer a cada uno de ustedes y tener su amor y fraternidad.

La lista es larga pero aquí el protagonista eres tú. ¡Sigamos construyendo! somos más que vencedores.

"Acostúmbrate continuamente para hacer muchos actos de amor, porque encienden y derriten el alma".

Santa Teresa de Ávila

Biografía de la autora

Rosemarie Sánchez, autora Best Seller Internacional #1 por dos veces, con los libros "Spiritual Fitness Survivor", de la colaboración de 26 autores, siendo galardonados por esta obra maestra y "Magnetic Entrepreneur" con la participación de más de 125 autores y sus biografía, este libro batió el Record Guiness Mundial, donde todos los participante firmaron el libro simultáneamente.

Oradora profesional para el desarrollo personal y estrategias de negocios, cantante profesional, se ha graduado en contabilidad, Inversiones y agente de seguros en Canadá. Latin Award Canadá nominó en el 2019 a Rosemarie como Artista del año en Música Cristiana, con la canción "Canto por la Paz"; ella es directora ejecutiva de la ONG S.O.S. Peace en Canadá.

Rosemarie reside en Toronto, Canadá durante 21 años trabajando con la comunidad latina, de la misma manera, ha producido eventos con: JEP Agency, para la Miss Canadá Latina 2015 y es parte de la organización Miss Teen Universo Canadá, como directora ejecutiva de mercadeo y negocios. Es presentadora de radio y televisión con su programa: "Hablando entre mujeres", el cual ha sido transmitido por 2ENLINEA TV, Frequency5fm, Al Día Radio, Universus Radio, Urbanatvfm e Impactofmestero como también medios digitales de Facebook, Instagram y YouTube. Ha trabajado en la película "Downsizing", con Matt Damon a su lado en dos escenas; también en la película "Shazam".

Este libro "Quebrando Barreras", cambiando el patrón de pobreza, será traducido al inglés con título: "BREAKTHROUGH" y subtítulo: Changing the Pattern of Poverty, que aborda los temas de la inteligencia emocional, espiritual, física y financiera, y de igual manera será premiada por su contenido. Este libro será publicado durante el 2020 en inglés una vez que esta versión en español sea publicada por Autores de Éxito, con el prólogo de Analía Exeni, #1 Autora Internacional Best Seller con su libro "Mujer Imparable", este libro tiene a Rosemarie Sánchez como prólogo, exaltando la obra de Analía Exeni, ese libro se convirtió en #1 Autor Best Seller Internacional en USA, CANADÁ y ESPAÑA en Amazon.

Rosemarie está trabajando para lanzar su primer álbum con música de diferentes artistas en español e inglés y también con duetos y otras voces para los temas en su primer CD.

Rosemarie es fundadora y presidente de la compañía de eventos "Breakthroughrose Productions". Ha interpretado "Song for Peace" con James MacNeil en la parte final de la canción en Inglés.

"Canto por la Paz" es una canción dedicada a la humanidad, para los niños en guerra y terrorismo, necesitamos traer un avivamiento al mundo, ese es el compromiso de muchos cantantes que están interpretando este tema musical de José Lucas, quien es el Canta Autor y Glen Vargas quien hace la producción de la canción, es el himno de la ONG S.O.S. Peace.

Rosemarie ha sido mentoriada por varias personas que enseñan negocios a alto nivel y crecimiento profesional y personal como James MacNeil, Raymond Aaron, Dr. Obom Bowen, Héctor Rodríguez Curbelo entre otros.

Es por eso que ella ha desarrollado destreza en capacitación personal y negocios internacionales.

Sus Redes Sociales son:

Rosemarie Sánchez

- http://www.breakthroughrose.com
- rose@breakthroughrose.com
- Instagram: @breakthroughrose
- Facebook: Rosemarie Sánchez
- Facebook: Breakthroughrose
- WhatsApp +1-416-837-6647
- Phone: +1 647-977-0144